# RECTIFICATIONS & OBSERVATIONS
## RELATIVES AUX TOMES I-V & XIX

DE

## L'HISTOIRE DU CONSULAT & DE L'EMPIRE

*(Extrait de la REVUE CRITIQUE du 5 janvier 1880)*

Ces *Rectifications et observations* sont dues à un homme plein de mérite et de modestie, Hoguer (Jean-Pierre), né à Versailles, le 11 mars 1784, mort à Paris, le 28 janvier 1871. Son père, originaire de Saint-Gall, en Suisse, était négociant en mousseline à Versailles. Il fut ruiné par la Révolution, et il lui eût été bien difficile de donner à son fils une éducation libérale, si la générosité du fondateur de Sainte-Barbe, Delanneau, ne lui fût venue en aide. Hoguer fut reçu élève de l'école polytechnique en 1802 (22 novembre), élève de l'école des ponts et chaussées en 1805 (22 novembre). Son inaptitude absolue au dessin dut le faire renoncer à la carrière d'ingénieur. Il entra, en 1809 (1er septembre), dans les bureaux du ministère de l'intérieur, où il avança par degrés, et, après trente-cinq ans, finit (22 décembre 1844) par devenir chef de la première division (secrétariat général, contentieux électoral, maires et adjoints nommés par le roi, gardes nationales). Il enfouit dans l'ingrate besogne d'une administration centrale une mémoire prodigieuse, un jugement excellent, un goût passionné pour l'exactitude, qui, appliqués à des recherches historiques, l'auraient placé au premier rang des érudits. Dans les loisirs de sa retraite, qui lui fut donnée en 1850 (31 mai), il acheva d'acquérir une profonde connaissance de l'histoire moderne, dont il s'était toujours occupé avec le plus vif intérêt. Il a laissé quelques notes relatives à l'*Histoire du Consulat et de l'Empire* de M. Thiers, qui nous ont paru mériter d'être publiées. Nous signalerons en particulier les observations relatives à la situation des prêtres dans le commencement du consulat, à la loi électorale de 1802, et aux élections de 1815. Hoguer avait adressé à M. Thiers lui-même ses observations sur le XIX° volume, accompagnées de la lettre suivante :

« 21 septembre 1861.

« Monsieur, un homme qui a eu l'avantage de travailler sous votre direction, et qui a conservé le souvenir le plus reconnaissant de la bienveillance dont vous l'honoriez, a lu récemment, avec autant d'attention que d'intérêt et de plaisir, le dernier volume de votre *Histoire du Consulat et de l'Empire*. En admirant, parmi les qualités de cet ouvrage, la vérité saisissante du tableau général d'une époque dont il a été témoin, et l'exactitude des détails, il y a remarqué de très légères erreurs, et se permet de vous les signaler. Ce sont, ainsi que l'a dit Andrieux, en proposant de changer pour la scène quelques vers de Corneille, des grains de poussière qu'on pourrait faire disparaître d'un chef-d'œuvre de statuaire. J'ai donc l'honneur de vous adresser ces quelques observations, dont plusieurs, sans doute, ne sont que des minuties, et je ne crois pas devoir garder l'anonyme dans la persuasion que vous ne serez point blessé de ma démarche. Veuillez agréer, etc. »

Cette lettre ne reçut pas de réponse.

I, p. 6. « Le général Bonaparte abandonna sa petite maison de la rue de la Victoire, et vint... fixer sa demeure dans les appartements du *petit* Luxembourg. »

Supprimez *petit*. Bonaparte s'établit au Grand-Luxembourg, dans l'appartement qu'avait occupé Barras. Les autres directeurs logèrent au Petit-Luxembourg.

I, pp. 24, 25. « ... *de* Reinhart... M. *de* Reinhart... »
Lisez : Reinhart.

I, p. 26. « M. Forfait *remplaça* M. Bourdon de Vatry au ministère de la marine. »

Le ministre de la marine, Bourdon de Vatry, fut, comme Reinhart, maintenu à son poste jusqu'au 1er frimaire.

I, p. 27. « ... M. Maret, qui devint secrétaire des consuls, *sous le titre* de secrétaire d'État. »

Substituez : et reçut, peu de temps après, le titre de secrétaire d'État (ce ne fut que lorsque Bonaparte devint premier consul).

I, p. 49. « *Beaucoup* de prêtres, bien qu'ils eussent prêté à la constitution civile du clergé le serment qui était devenu l'origine du schisme, avaient été cependant persécutés. »

Substituez : un certain nombre.

I, p. 51. « Il consentit à faire prononcer la déportation contre trente-*huit* membres du parti révolutionnaire. »

Lisez : trente-deux.

« Et la détention à la Rochelle contre *dix-huit* autres. »

Lisez : vingt.

I, p. 65. « On nomma M. Bourgoing, en place de M. Grouvelle, qui y avait été *envoyé par le Directoire.* »

Lisez : qui y avait été envoyé par la Convention et maintenu par le Directoire.

I, p. 81. « Cette inaction à laquelle M. Sieyès avait voulu réduire les sénateurs..., et qu'il avait dotée *d'un revenu annuel de cent mille livres* en domaines nationaux.

Chaque sénateur ne recevait que 25,000 francs.

I, p. 108. « On assurait, comme retraite, à M. Sieyès, la présidence du Sénat. »

Supprimer cette phrase. Sieyès ne présida le Sénat que par élection, et pendant quelques mois seulement.

I, p. 119. « On plaça dans le Corps législatif... des députés aux Cinq-Cents. »

Ajouter : et au Conseil des Anciens.

I, p. 122. Barère est mentionné à tort parmi les proscrits qui furent rappelés et autorisés à habiter Paris. Il n'était point proscrit, et ne l'avait pas été au 18 fructidor.

I, p. 123. « Les consuls firent modifier la formule de l'engagement exigé de la part des prêtres. On leur demandait auparavant *un serment spécial à la constitution civile du clergé, serment qui les obligeait à reconnaître une législation contraire, suivant quelques uns, aux lois de l'Eglise.* »

Substituez : un serment politique qui répugnait à leur conscience.
La constitution civile du clergé cessa en 1793 d'être loi de l'Etat.

I, p. 161. « La justice criminelle... dut résider seule au chef-lieu du département, au moyen de juges se détachant des tribunaux d'appel et venant diriger le jury... »

Cette organisation n'est pas antérieure à 1810. En 1800, on établit un tribunal criminel permanent pour tout le département, formé de juges qui n'avaient pas d'autre attribution.

I, p. 222. « Cambacérès... refusa de prendre place dans ce palais des rois. Il dit à son collègue Lebrun : c'est une faute d'aller nous loger aux Tuileries ; cela ne nous convient point à nous, et, pour moi, je n'irai pas. Le général Bonaparte voudra bientôt y loger seul ; il faudra alors en sortir. Mieux vaut n'y pas entrer. — Il n'y alla pas et se fit donner un bel hôtel sur la place du Carrousel, qu'*il a gardé aussi longtemps que Napoléon a gardé l'empire.* »

Plusieurs années avant 1814, l'archichancelier était allé s'établir rue Saint-Dominique, et son hôtel du Carrousel était la demeure du ministre secrétaire d'Etat.

II, p. 85... « *grand* duc de Parme... »

Supprimer *grand*.

II, p. 151. « On voulut offrir au peuple de la capitale un amusement moins grossier que de coutume : on lui donna gratuitement la représentation du *Tartufe* et du *Cid*. »

Les spectacles gratuits de pièces de théâtre n'avaient jamais discontinué.

II, p. 159. « En créant les octrois à la porte des villes, pour subvenir aux besoins des hôpitaux, il avait fait un premier essai utile... »

Des octrois avaient déjà été rétablis, sous le Directoire, dans quelques communes, particulièrement à Paris.

II, p. 161. « Les canaux de Saint-Quentin, *de l'Ourcq*, entrepris vers la fin de l'ancien régime, ne présentaient partout que des fossés à moitié comblés, des montagnes à demi percées... »

Le canal de l'Ourcq n'avait été que projeté avant 1789. Il ne fut commencé que sous le Consulat, en 1802.

II, p. 217. « Joseph Bonaparte venait de signer à Morfontaine... le traité qui rétablissait la paix entre la France et l'Amérique. »

Ajoutez : 30 septembre.

II, p. 331. « Le Sénat... déclara que la résolution du premier consul était une mesure conservatrice de la Constitution. »

Il eût fallu dire que ce ne fut pas sans discussion que le Sénat vota, le 15 nivôse, la mesure de déportation édictée par le gouvernement contre treize révolutionnaires à l'occasion de l'attentat du 3 nivôse.

II, p. 338. « Les justices de paix avaient été portées à six mille à l'époque de leur première institution. »

Comme ce nombre dépasse de beaucoup celui des cantons, qui était d'environ quatre mille six cents en 1790, et qui, par suite d'annexions de pays étrangers, était, en 1800, d'environ cinq mille deux cent huit, il eût été utile de dire qu'il y avait plus de juges de paix que de cantons, puisqu'il en existait un pour chaque commune de deux mille âmes, et deux en plus dans les villes de plus de huit mille âmes.

III, p. 198. « Il y eut donc alors un culte public et un culte clandestin, celui-ci plus suivi que celui-là. »

Cela n'est vrai qu'après 1795. Mais en 1791, la majorité suivait les offices des prêtres assermentés, sauf dans la Vendée et quelques parties du Midi.

III, p. 199. « Il y avait les prêtres constitutionnels ou assermentés, *légalement* investis des fonctions sacerdotales... »

Les assermentés n'avaient pas de titre légal, puisque, depuis 1793, la République ne reconnaissait aucun culte comme officiel. Ils étaient seulement moins persécutés que les autres, parce qu'ils avaient prêté le serment politique qui remplaçait le serment à la constitution civile du clergé.

III, p. 199. « Il y avait les prêtres *non assermentés*, n'ayant jamais voulu prêter aucun serment, qui... *officiaient* dans des maisons particuculières. »

Déjà, avant le 18 brumaire, tout prêtre constitutionnel ou autre, qui prêtait le serment politique, lequel varia plusieurs fois, pouvait célébrer le culte dans un édifice public. Beaucoup refusaient le serment de *haine à la royauté et d'attachement à la république*, et ce sont ceux-là qui officiaient dans des maisons particulières.

Après le 18 brumaire, on n'exigea plus qu'une promesse *d'obéissance aux lois,* et les prêtres constitutionnels exerçaient leur ministère dans les églises.

III, p. 225. « Comment s'entendre avec ces ecclésiastiques de toute espèce..., les uns assermentés..., les autres insermentés..., *exerçant clandestinement les fonctions de leur ministère...?* »

Supprimez ces mots. Il n'y avait que le très petit nombre de ceux qui s'étaient refusés à la promesse mentionnée ci-dessus.

III, p. 225. « ... Soixante nouveaux diocèses, dont *quarante-cinq* évêchés, et *quinze* archevêchés. »

Lisez : cinquante évêchés..., dix archevêchés.

III, pp. 243, 245. « ... M. *de* Cacault... »

Lisez : M. Cacault.

III, p. 290. « Le premier consul était allé voir lui-même le canal de l'Ourcq, et avait ordonné la reprise des travaux (nov. 1801). »

Voir ci-dessus la note relative à II, p. 161.

III, p. 309. « La bénédiction nuptiale fut donnée » à Louis et à Hortense « par le cardinal Caprara, et dans une maison particulière, *ainsi qu'on faisait alors pour toutes les cérémonies du culte, quand c'étaient des prêtres insermentés qui officiaient.* »

Supprimez *ainsi qu'on faisait,* etc. C'est tout à fait contraire à l'état réel des choses depuis le 18 brumaire.

III, p. 321. « Le Corps législatif ... contenait ... *beaucoup* d'anciens prêtres sortis des ordres. »

Substituez : quelques.

III, p. 342. « Si la dissolution » du Corps législatif « eût été possible ..., *la France convoquée n'eût pas réélu un seul des adversaires du gouvernement.* »

Supprimez ces mots. C'est au Sénat, et non à la France, que la constitution attribuait la nomination des législateurs.

III, p. 357. « Toutefois *une élection générale* aurait exclu en masse les hommes de la Révolution, etc. »

L'auteur oublie que c'eût été au Sénat à faire l'élection, et que ce corps n'aurait pas exclu tous les hommes de la Révolution.

III, p. 440. « M. de Boisgelin ... devint archevêque de Tours. »

Ajoutez : et peu après cardinal.

III, p. 440. « M. de la Tour-du-Pin, ancien archevêque d'Auch, reçut l'évêché de Troyes. Ce digne prélat... eut la modestie d'accepter ce poste si inférieur à celui qu'il quittait. Le premier consul l'en récompensa plus tard par le chapeau de cardinal. »

M. de la Tour du Pin n'a jamais été cardinal. Il n'a été nommé évêque de Troyes que plusieurs mois après l'inauguration du concordat, en remplacement de M. de Noé, décédé.

III, p. 445. Le premier consul « voulait qu'on sacrât » quelques uns des principaux prélats « dans cette journée du dimanche des Rameaux... c'étaient MM. de Belloy, nommé archevêque de Paris..... »

M. de Belloy, sacré depuis longues années, n'avait pas besoin de l'être de nouveau.

III, p. 446 « les *quatre* prélats... »

Substituez : les trois.

III, p. 534. « On créa des assemblées de canton... chargées d'élire deux collèges électoraux, l'*un d*'arrondissement, l'*autre de* département. »

Substituez : l'un pour l'arrondissement, l'autre pour le département.

III, p. 534. « Les *deux collèges électoraux d'arrondissement et de département* devaient être élus à vie.

Substituez : les collèges d'arrondissement, et le collège de département.

III, p. 535 « Les *deux* collèges électoraux d'arrondissement et de département.

Supprimez : deux.

III, p. 535. « Les collèges d'arrondissement présentaient deux candidats pour les places vacantes au Tribunat; les collèges de département, deux candidats pour les places vacantes au Sénat. Chacun de ces *deux* collèges présentait deux candidats pour les places vacantes au Corps législatif, *ce qui en faisait quatre*. De façon que le Tribunat avait pour origine *le conseil* d'arrondissement, le Sénat avait pour origine *le conseil* de département... »

Supprimez *deux*, et *ce qui en faisait quatre*. Substituez « *les collèges* d'arrondissement, » « *le collège* de département » à « *le conseil*. »

III, p. 536. « Le Corps législatif *et le Tribunat* devaient être divisés en cinq séries »

Supprimez les mots *et le Tribunat*.

III, p. 538. « Il créa un conseil privé, composé des consuls, *des* ministres... »

Substituez : de deux ministres.

III, p. 539. « Il devait le présenter *au Sénat*. »

Substituez : à l'approbation du Sénat.

IV, p. 31. « M. de Rohan avait cessé d'être Français, car son archevêché était devenu allemand. »

Substituez : La moitié de l'évêché de M. de Rohan avait toujours fait partie de l'Allemagne, et lui-même avait cessé d'être Français.

IV, p. 36. La République « s'empara... *de l'ancienne principauté de Porentruy*, et elle en fit le département du Mont-Terrible, *en y ajoutant une partie de l'ancien évêché de Bâle*. »

Supprimer les mots en italique, et dire simplement : s'empara de l'ancien évêché de Bâle. La principauté de Porentruy et l'ancien évêché de Bâle n'étaient pas deux pays différents.

IV, p. 219. « L'*évêque* de Besançon. »

Substituez : archevêque.

IV, p. 219. Les évêques de Bordeaux, d'*Avignon,* de Rennes écartaient » les prêtres assermentés « du service des paroisses. »

Supprimez d'*Avignon*. Cet évêque était M. Perrier, qui avait été évêque constitutionnel du Puy-de-Dôme.

IV, p. 321. « M. *de* Monroë. »
Lisez : M. Monroë.

IV, p. 581. « R. *Charles*-Xavier-Stanislas. »
Lisez : Louis.

IV, p. 589. « Il est certain que ce bruit avait pris assez de consistance, pour que *son père* » le prince de Condé « lui écrivit » au duc d'Enghien « de Londres ».

Lisez : son grand-père.

IV, p. 593 et suiv. « *Le* grand duc de Baden. »
Substituez : l'électeur. Il n'eut le titre de grand-duc qu'en 1806.

V, p. 22. « Les hommes âgés du conseil ne montrèrent pas plus de sagesse en cette occasion que le monarque *adolescent* lui-même. »
Alexandre avait alors (avril 1804) 26 ans.

V, p. 46. « C'était le dénoûment presque forcé des intrigues coupables dans lesquelles il (Pichegru) s'était engagé *en sortant de la droite route dès 1797.* »

On pourrait plutôt dire *dès 1795*, date de ses relations avec le prince de Condé.

V, p. 47. Le jour du suicide de Pichegru (5 avril = 15 germinal) n'est pas indiqué.

V, p. 86. « Le tribun Curée, compatriote et *ennemi* personnel de Cambacérès... »
Lisez : ami.

V, 109. « Il fut décidé que le Corps législatif, après avoir entendu les conseillers d'Etat et les membres du Tribunat, *se retirerait* pour discuter en comité secret les projets qui lui auraient été soumis. »

Substituez : se retirerait, sur une demande signée de cinquante membres, en comité secret, pour discuter, etc.

V, p. 150. Napoléon « dit à M<sup>me</sup> de Polignac qu'il était étonné d'avoir trouvé dans un complot dirigé contre sa personne, M. Armand de Polignac, *son compagnon d'enfance à l'école militaire.* »

Est-il bien certain que M. Armand de Polignac ait été compagnon d'enfance de Napoléon à l'école militaire ?

On n'y plaçait que la noblesse pauvre ou gênée ; et Armand de Polignac, né en 1771, avait cinq ans, quand son père devint premier écuyer de la reine.

V, p. 122. « Le vice-amiral Bruix ... obtint le bâton d'*amiral*.
Bruix ne fut jamais que vice-amiral. Il n'y avait au-dessus de ce grade que la dignité de *grand amiral* conférée à Murat en 1805.

V, p. 122. « Decrès fut nommé inspecteur général des côtes de la Méditerranée (mai 1804 = floréal an xii). »

L'auteur cite (p. 189) une lettre de Napoléon (2 juillet = 13 messidor) à Latouche-Tréville, où il lui annonce qu'il l'a « nommé inspecteur des côtes de la Méditerranée. »

Il paraîtrait donc que Decrès ne fut nommé qu'après la mort de Latouche-Tréville, qui eut lieu le 20 août (2 fructidor).

XIX, p. 24. « Drouet, comte d'Erlon, *fils de l'ancien maître de poste de Varennes* ».

Drouet, comte d'Erlon, n'était point parent du conventionnel Drouet. Le premier était né à Reims, en 1765, et le second, à Sainte-Menehould, en 1763.

XIX, p. 132. « Nous allons, disait-il (Fouché) à ses affidés, composer un ministère de régicides, tels que Carnot, *Garat* et moi … »

Garat ne peut être appelé *régicide*, puisqu'il n'était point membre de la Convention. Il est constant qu'il fut très affligé de la fatale mission dont il avait été chargé, d'avoir à faire connaître au Roi son arrêt de mort.

XIX, p. 199. Napoléon « imagina d'embarquer l'infanterie *sur la Seine* à Auxerre… Il fit rassembler à prix d'argent tous les bateaux *de la Seine* ».

Lisez : sur l'Yonne… tous les bateaux descendant vers la Seine.

XIX, p. 305. « Il laissa le nom du maréchal Marmont sur le décret » du 12 mars « *dont l'exécution était du reste ajournée.* »

Ce passage pourrait laisser croire que le décret ne reçut pas de publicité. Il fut cependant publié le 6 avril, avec la date de Lyon, 12 mars.

XIX, p. 403. « Napoléon établit » Joseph « au Palais-Royal. »

Ce fut Lucien qui habita le Palais-Royal. Joseph rentra dans sa résidence du Luxembourg.

XIX, p. 430. « On renonça à la combinaison subtile de faire présenter des candidats par les collèges d'arrondissement aux collèges de département et par les collèges de département au Sénat. »

Cette candidature à deux degrés n'avait pas lieu sous l'empire. Le Sénat élisait les législateurs sur des listes de candidats nommés, les uns par les collèges d'arrondissement, et les autres par le collège de département, deux par chaque collège.

C'est sous la Restauration, que pendant deux années, 1815 et 1816, les collèges d'arrondissement présentèrent des candidats au collège de département, qui devait prendre parmi eux la moitié au moins de la députation.

XIX, p. 430. « Sous la Charte de 1814, on n'avait eu que l'ancien Corps législatif, *qui était nommé* par le Sénat… »

A la première lecture, on pourrait croire que tel était le mode consacré par la Charte.

Il serait facile de prévenir cette méprise en disant : qui, suivant les constitutions impériales, avait été nommé par le Sénat.

XIX, p. 482. « Un café, dit café Montansier, *place* du Palais-Royal. »

C'était *galeries* du Palais-Royal. Le café Montansier occupait l'emplacement du théâtre de ce nom.

XIX, p. 5o3. « Le lundi, 28 avril. »

Le 28 avril était un vendredi.

XIX, p. 549. « Il n'avait paru que *cent mille électeurs environ* dans les collèges électoraux. »

L'auteur a oublié qu'il a dit (p. 429) qu'il y avait cent mille électeurs à vie.

Voici quels étaient les chiffres réels d'électeurs et de votants en mai 1815, suivant un état qui fut dressé à cette époque au ministère de l'intérieur, vraisemblablement d'après le relevé des feuilles qui accompagnaient les procès-verbaux. Le résultat général a été reproduit en 1846 dans une publication faite après les élections de cette année [1] :

| | | | |
|---|---|---|---|
| Electeurs.................... | 19,500 | 47,000 | 66,500 |
| Votants..................... | 7,615 | 24,923 | 32,538 |

(Ces chiffres se rapportent à quatre-vingt-cinq collèges de département et à trois cent cinquante-trois collèges d'arrondissement ; n'étaient pas compris un collège de département, celui de la Corse, et sept collèges d'arrondissement, qui n'avaient pas fait d'élections, et dont les opérations n'étaient pas connues, quand le tableau fut dressé.)

La réduction considérable du nombre des électeurs s'explique ainsi :

Les collèges électoraux étaient composés d'environ quatre-vingt mille membres [2] élus par les assemblées de canton, et, en outre, de membres de la Légion d'honneur, qui pouvaient y être adjoints, au nombre de vingt-cinq par collège de département et de trente par collèges d'arrondissement, au maximum treize mille. Mais ce nombre de treize mille fut loin d'être atteint [3].

Les assemblées de canton n'avaient pas été réunies depuis quatre ans dans une des séries, et depuis cinq, six, sept et huit dans les quatre autres. En comptant quatre décès par an sur cent électeurs, ce serait vingt-quatre pour cent sur une moyenne de six ans, c'est-à-dire près d'un quart, soit dix-neuf mille sur les soixante-dix-neuf mille six cents élus. Il faut, de plus, mettre hors du calcul mille électeurs environ, réduits à huit cents, pour les huit collèges non compris dans le dépouillement. Resterait donc soixante mille électeurs.

La différence d'environ six mille cinq cents avec le total soixante-cinq

---

1. La première colonne se rapporte aux collèges de département ; la seconde, aux collèges d'arrondissement ; la troisième donne les totaux.

2. Ce calcul est fait d'après la population de 1802 et selon les proportions légagales : vingt-trois mille deux cents pour les collèges de département, et cinquante-six mille quatre cents pour les collèges d'arrondissement.

3. Sur un annuaire de Seine-et-Oise (1812), le nombre des légionnaires adjoints aux six collèges d'arrondissement est de quarante et un, et il aurait pu s'élever à cent quatre-vingts.

mille cinq cents résulterait des légionnaires. Bien que les préfets eussent été autorisés, en 1815, à compléter les cadres de vingt-cinq et trente, cela n'eut vraisemblablement pas lieu généralement.

XIX, p. 605. « Il avait pris dans l'ancienne noblesse quelques noms, MM. de Beauvais... *de Boissy* .. »

C'était Boissy d'Anglas, qui, par ce motif, fut exclu de la pairie royale par Louis XVIII, mais réintégré presque aussitôt.

Le Puy, imprimerie Marchessou fils, boulevard Saint-Laurent, 23

www.ingramcontent.com/pod-product-compliance
Lightning Source LLC
Chambersburg PA
CBHW071435060426
42450CB00009BA/2193